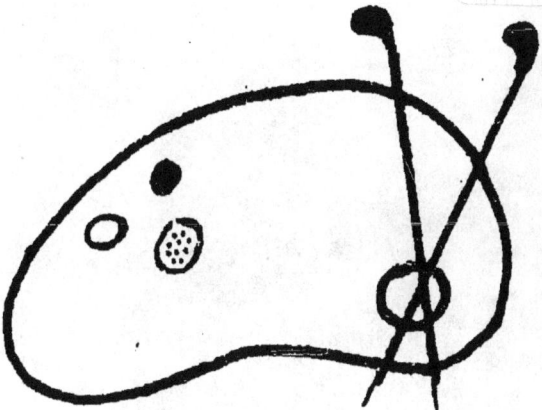

Couvertures supérieure et inférieure
en couleur

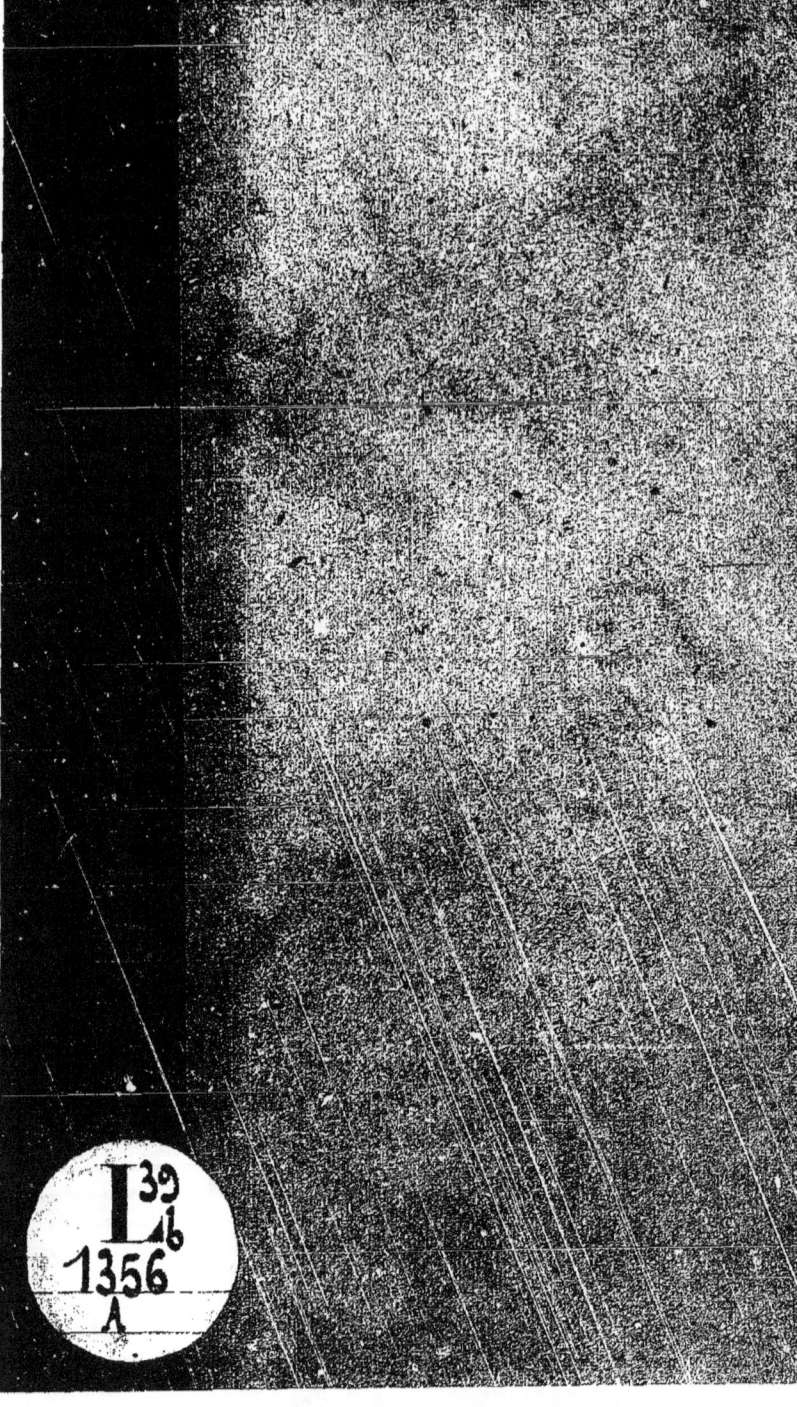

Lb 39
1356
A

LETTRE DES BOURGEOIS

AUX

GENS DE LA CAMPAGNE,

Fermiers, Métayers & Vassaux de certains Seigneurs qui trompent le Peuple.

Pour servir de suite a l'*Avis au Peuple*.

1789.

LETTRE DES BOURGEOIS

AUX GENS DE LA CAMPAGNE,

Fermiers, Métayers & Vassaux de certains Seigneurs qui trompent le Peuple.

MESSIEURS ET AMIS,

Nous apprenons avec autant de surprise que d'indignation, que des hommes qui devroient vous instruire & vous éclairer, abusent de votre confiance, au point de vous faire agir & délibérer contre vos plus vrais intérêts ; qu'afin de perpétuer la servitude où ils vous tiennent, ils calomnient dans votre esprit ceux qui cherchent à vous délivrer, & vous peignent comme vos ennemis ceux-là mêmes qui prennent votre défense. L'on ne cesse de vous dire depuis quelque-tems, & l'on a l'impudence de l'écrire & de l'imprimer, que le Tiers-Etat des Villes est ennemi de celui des campagnes ; que les

Bourgeois ont des priviléges plus grevans pour vous, que ceux des Nobles d'épée, de robe & d'église, &c. Comment peut-on insulter à ce point vos lumieres, ou se jouer de votre bonne foi ? Comment ose-t-on vous proposer avec confiance des mensonges aussi évidens ? Nous vous le demandons à vous-mêmes, Messieurs & Amis, Fermiers & Métayers ; où sont ces *exemptions qui résultent pour tous nos biens de campagne, de notre habitation dans les Villes* (1) ? Ne payons-nous pas, comme vous, les vingtiemes & sols pour livres ? Si l'on vous charge à la taille, n'est-ce pas une déduction du prix auquel vous prenez nos fermes ? Et si l'on vous ruine en corvées, n'est-ce pas nous, propriétaires, qui supportons en résultat vos pertes ? Nos biens ne sont-ils pas sujets au rachat, au retrait du Seigneur, aux lods & ventes dûs simples, & perçus doubles ? Nos bestiaux ne sont-ils pas sujets aux saisies vexatoires des Gardes, & nos champs aux déprédations des bêtes fauves ; & qui pis est, aux ravages des chasses, quand, semblables à une troupe de Tartares, trente Gentilshommes, & autant de Laquais, menent à travers vos guérets une

---

(1) Voyez le modèle de doléances, envoyé par M. le Comte de..... à toutes ses Paroisses.

armée de chiens & de chevaux, pour un plaisir barbare & frivole ?

L'on vous parle des franchises, des immunités des Villes ? Où sont-elles donc ces immunités ? Nous tirons à la milice comme vous ; & de plus, il faut toutes les nuits monter la garde & la patrouille ; & après avoir passé une pénible journée, se voir privé encore du repos, & porter le fusil par la froidure & les ténebres !

L'on vous parle des droits de prévôté, de cloison, d'octroi, qui sont perçus sur vos denrées. Et sur qui tombent-ils ces droits, sinon sur ceux qui achetent les denrées ? Quand le Commis vous a pris six sols pour un panier de fruits ou de salade, ne renchérissez-vous pas d'autant & vos fruits & votre salade ? & n'est-ce pas nous en résultat à qui tous ces droits sont à charge ? & s'ils ne portent pas le nom *de taille*, n'en ont-ils pas la réalité ?

L'on vous parle des petites taxes de ceux qui, *déserteurs des campagnes, vont s'établir dans les Villes*. Et qui nous fait déserter ces campagnes, sinon la tyrannie des Seigneurs, les pillages de leurs Gardes, les outrages de leurs gens ?

Et quant aux *taxes* prétendues *petites*, venez voir nos capitations ; venez voir si sous ce nom & celui d'induſtrie, de logement de gens de guerre, &c. nous ne payons pas autant qu'au village; venez voir de ſimples Marchands taxés à cent & deux cents livres : un Cordonnier cinq louis d'or, un Serrurier cinquante écus, un Mégiſſier dix-huit piſtoles ; pendant que des Gentilshommes, Laïcs ou Eccléſiaſtiques, ne payent qu'un louis & dix écus, pour vingt & trente mille livres de rente, pour leſquelles ils n'ont d'autre peine que de les compter & de ſigner quittance.

Et les Bourgeois, nous direz-vous, ceux ſur-tout qui *rempliſſent les charges des Hôtels-de-Ville, ou leur tiennent de près ou de loin, n'eſt-il donc pas vrai qu'ils jouiſſent de faveurs de taxes* (1), qui ſont un crime de leze-citoyen ? Oui, Meſſieurs & Amis, il eſt vrai ; & voilà le ſeul chef ſur lequel nos calomniateurs ayent raiſon ; mais en cela même ils ſont de mauvaiſe foi ; car, à les entendre, il ſembleroit que ce crime fût celui de tous les Bourgeois, tandis qu'il n'eſt que celui de la moindre partie, de celle-là même qui déjà ne mérite plus ce nom. Car, Meſſieurs, nous ſommes deux eſpèces de Bourgeois bien diſtinctes & bien différentes. Dans l'une, que l'on peut appeller celle des bons &

---

(1) Voyez les doléances de M. le Comte de....

francs Bourgeois, nous rangeons tous ceux qui, vivant du produit de leurs terres ou de leur profession, employent leur tems aux sciences & aux arts utiles, tels que la Médecine, le Barreau, le Commerce en gros ou en détail, & même les métiers méchaniques ; & ceux-là sont vos bons amis, puisque non-seulement ils vous sont utiles par leurs travaux, mais qu'ils se piquent encore de partager toutes vos charges. L'autre espèce, au contraire, est celle de ces Bourgeois bâtards qui, vivant de leurs rentes sans rien faire, veulent cependant obtenir la considération que l'on ne doit qu'aux hommes utiles, & pour cet effet, employent leur fortune à acheter des emplois qui leur donnent de l'autorité sur leurs concitoyens, sans avoir jamais d'autre industrie que celle d'une étroite lésine, & sans faire d'autre usage de leur crédit que de s'affranchir de nos fardeaux. Or, Messieurs, si ces Bourgeois sont vos ennemis, ils sont également les nôtres ; en vain gardent-ils notre nom ; nous les regardons comme des transfuges prêts à passer chez nos adverses ; nous les tenons pour mauvais citoyens, en ce qu'ils rejettent sur nous leurs charges ; & pour parens dénaturés, en ce que leur vanité n'aspire qu'à l'honneur de dépouiller leurs enfans en faveur d'un aîné : aussi nous proposons-nous de les retrancher de notre sein, & d'exclure de notre société tout Bourgeois qui, dorénavant, achetera des charges à priviléges, ou mariera sa fille à des privilégiés.

Mais, Messieurs & Amis, qui rend ces hommes-là nos ennemis ? Ne sont-ce pas les priviléges ? & les priviléges d'où viennent-ils, sinon de la Noblesse ? C'est donc à dire que les Bourgeois ne sont vos ennemis, qu'autant qu'ils ressemblent aux Nobles ; & c'est cependant un homme Noble qui ose les noircir près de vous ! Non, Messieurs, croyez en votre sentiment caché ; croyez-en ce soupçon secret qui même en cédant à la séduction, vous inspire de la défiance. Non, les Bourgeois ne sont point vos ennemis : ceux mêmes qui s'étoient égarés, reconnoissent leur erreur, reviennent à nous en bons freres. Ceux-là seuls méritent votre haine, qui abusent de leur art, pour tromper votre droiture ; qui osent rédiger des écrits pour surprendre vos ames simples ; qui les font distribuer en secret, honteux qu'ils sont de leur lâcheté, & plus criminels par leur honte ; ceux enfin qui prêtent leur ministere à les imprimer, & qui, contre le cri de leur conscience, deviennent les complices du crime.

Mais nous, Messieurs, nous sommes bien réellement vos amis ; &, pour en juger par vous-mêmes, vous-mêmes, ouvrez nos Cahiers de doléances; lisez nos plaintes & nos demandes : ou si ces Imprimés ne parviennent pas dans vos campagnes, écoutez le résumé que nous vous en présentons.

Nous demandons que l'on supprime, sans réserve & sans restriction :

1.º Cette gabelle qui nous greve comme vous.

2.º Ces aides, qui nous font subir à tous des inquisitions si odieuses.

3.º Ces traites, ces droits de passage, ces cloisons, ces octrois, ces barrieres, qui à chaque pas nous vexent & nous inquietent.

4.º Ces corvées de grand chemin, par lesquelles on ruine nos communs bestiaux.

5.º Ces tailles, accessoires & francs-fiefs que ne payent point les Nobles, &c. &c.

En un mot, nous demandons une réforme complette des impôts actuels, & une constitution nouvelle, par laquelle ils soient répartis avec une stricte justice, sans privilége, sans exemption pour qui que ce soit au monde; & que chacun y contribue en proportion de ses facultés & de ses richesses.

Pour cet effet, nous demandons qu'il soit établi :

1.º Une contribution sur les biens-fonds,

B

maisons ou terres, assise à raison de leur produit ou de leur valeur foncière.

Par-là, tout propriétaire payera au prorata de sa fortune; ensorte que si la contribution est du *quint*, celui qui aura cent livres de rentes payera vingt francs; & celui qui en aura cent mille, payera vingt mille francs; ce qui est bien différent de l'état actuel, où un tel propriétaire paye au plus cent louis.

Et nous voulons cette *contribution* en argent & non en denrées; parce que, pour exploiter les denrées, il faudroit des Employés & des Fermiers, qui deviendroient pis que les Gabelles; & voilà en quoi nous nous indignons contre votre Seigneur, qui vous la fait demander en nature, lui qui s'est tant récrié quand Brienne la vouloit ainsi; mais c'est qu'apparemment il se propose d'en être le Fermier lui-même.

2.° Nous demandons un impôt par tête, afin que celui qui n'aura point de biens-fonds contribue aussi aux dépenses publiques dont il tire avantage; & nous demandons qu'il soit assis en une telle proportion, que celui qui, comme vous, ne gagne que de quoi vivre, ne paye bien peu, puisqu'il paye de son nécessaire; & que celui qui est opulent paye beaucoup, puisqu'il paye de son superflu.

Enfin, nous defirons que l'on taxe ces Laquais que les gens riches multiplient au détriment de vos travaux, & ces carroffes magnifiques qui font nourrir tant de chevaux inutiles au commerce.

A ce moyen, Meffieurs & Amis, plus d'Employés; plus de Gabelles, plus de Commis au vin, au cidre, aux cuirs, au papier, au tabac; plus d'octrois, de péages ni barrieres; plus de Collecteurs, de Subdélégués, ni d'Intendans; en un mot, plus de mangeries de tant d'efpèces. Liberté & franchife entieres.

Ce n'eft pas tout. Nous demandons la fuppreffion de tous ces droits feigneuriaux, non moins grevans pour nous tous que les impôts même.

Nous demandons que l'on fupprime les fervitudes de moulin, de four, de preffoir, les droits de fuie & de garenne.

Que les rentes de toute efpèce deviennent amortiffables; que les frêches folidaires foient rompues & féparément rachetables.

Que le retrait féodal & les lods & ventes foient pareillement éteints, au moyen d'une indemnité.

Que les *affifes* foient abolies, & que les Seigneurs ne faffent plus de triages de landes & communes.

Qu'ils enclosent leurs parcs & leurs bois, & ne puissent faire saisir de bestiaux dans les terres ouvertes.

Nous demandons que les Gardes-chasses ne puissent faire de procès-verbaux sans témoins; qu'ils ne puissent porter de fusil, mais seulement la hallebarde, selon le texte de la Coutume; qu'ils ne soient point des vagabonds étrangers, mais des gens connus, avec certificat de la Paroisse, comme ils sont gens de bonnes mœurs.

Nous demandons que chacun puisse chasser sur son bien, & que quand quelqu'un se plaindra des bêtes fauves, cerfs, sangliers, loups, &c. il soit fait des battues publiques, & non des chasses de vingt & trente Gentilshommes, avec tout leur train; c'est-à-dire, en un mot, que nous demandons tout en franc-aleu.

Nous demandons que l'on abolisse les Justices seigneuriales, & qu'il ne soit plus dit que les juges du peuple sont des domestiques à gages, sujets à toutes les fantaisies de leurs maîtres; & en cela leur intérêt est le même que le nôtre.

Nous demandons que tout soit Justice royale, que l'on n'aille plus jusqu'à Paris pour un Procès de 5 sols; mais qu'il y ait en chaque province un Tribunal supérieur, & qu'il soit composé au moins pour moitié de roturiers comme nous ; c'eſt-à-dire, que le fils d'un Payſan puiſſe, s'il eſt bon ſujet, devenir premier Préſident.

Enfin, Meſſieurs & Amis, nous demandons que vous ſoyez des hommes libres & ne dépendans que des loix que nous nous donnerons nous-mêmes ; & pour cet effet, nous demandons que nos impôts ſoient régis, notre police exercée, nos perſonnes gouvernées par des gens que nous choiſirons nous-mêmes, dont l'Aſſemblée s'appellera les *Etats de la province*. Et ces gens ne ſeront pas nos maîtres, mais ſeulement nos fondés de procuration pour le bien de la choſe publique.

Et afin que vous ſoyez vraiment libres dans vos choix, nous demandons des réglemens qui vous garantiſſent des menaces de vos Maîtres, & une loi qui porte les baux à une longue durée, afin que vous ne ſoyez pas ſans ceſſe à la veille d'être chaſſés de vos lieux.

Enfin, pour vous donner les lumieres néceſſaires à vous préſerver des tromperies des hypocrites, nous voulons qu'en chaque paroiſſe il ſoit établi une école, où vos enfans apprendront à lire & à écrire, & où on leur enſeignera, comme par catéchiſme, tout ce qu'il convient de ſavoir à un citoyen pour la ſûreté de ſa perſonne & l'économie de ſes biens.

Jugez donc par vous-mêmes, Messieurs, si nous sommes vos ennemis ! Et quel intérêt aurions-nous à l'être? Si l'on vous obere d'impôts, est-ce nous qui en profitons? Est-ce nous qui avons les pensions, les bien-faits, les graces ? Est-ce à de petits Bourgeois comme nous que l'on donne les Gouvernemens, les Intendances, les Abbayes, les Evêchés, les Régimens? Non certainement. Si au contraire ceux qui vous enveniment contre nous s'en trouvent déja revêtus, & si, voyant le train que prennent les affaires, ils craignent la réforme de tant d'abus dont ils vivent, n'est-il pas plutôt à présumer, n'est-il pas même bien évident que ce sont ceux-là qui ont intérêt de vous tromper, & qui, voyant que si nous sommes unis, nous serons plus forts qu'eux, font tout ce qu'ils peuvent pour nous diviser, afin de nous battre les uns par les autres.

Voilà sur quel plan depuis long-tems ils travaillent. En considérant le petit nombre où ils sont par rapport à nous, ils se sont dit :
« Nous autres nobles, nous sommes bien peu
» pour régner sur tant de roturiers ; à peine
» sommes-nous un contre cent ; cependant
» si nous savons nous entendre, il y a moyen
» de les subjuguer ; & voici comme il faut nous
» y prendre. Supposons-nous être quatre freres,

» tous bien d'acord & bien unis: il faut que l'un
» vive en campagne dans sa paroisse ; que l'au-
» tre soit Conseiller au Parlement, le troisième
» sera Colonel ; & le quatrième deviendra
» Evêque. Quand le bien d'un roturier convien-
» dra au Seigneur de paroisse, il s'en accommo-
» dera sans façon: le roturier fera un procès;
» le Conseiller en sera Juge, & le fera perdre,
« comme de raison: si la paroisse se révolte, le
» Colonel y menera son régiment; s'il arrive
» conjuration, l'Evêque la découvrira, par le
» moyen de ses Prêtres à qui l'on raconte tout
» en confession ; il fulminera des monitoires,
» des excommunications; le bon peuple aura
» peur du *diable*; il deviendra doux comme
» mouton ; on lui fera entendre qu'il est ici-bas
« pour qu'on le tonde & qu'on l'écorche ; on
» l'exhortera à la patience ; & maîtres des corps
» & des ames, nous régnerons, quoique peu
» nombreux, sur toute le Nation ».

Par malheur pour ce beau projet, ils s'est trouvé parmi eux d'honnêtes gens qui ont dit que cela n'étoit pas juste ; que les Bourgeois & les Paysans étoient des hommes comme les Nobles, puisque c'étoit d'eux qu'on les fabriquoit; que c'étoit une tyrannie odieuse de vouloir partager entre quelques-uns le fruit des travaux de tous. D'autre part, les Bourgeois,

qui en ont deviné la trame, ont averti le Roi & le Peuple, savez-vous ce qui est arrivé ? Les ligueurs se voyant découverts, ont dit : « Nous ne
» sommes pas assez fort de monde, il faut augmenter notre parti : alors ils sont venus vers les
» Bourgeois & leur ont dit : Ecoutez, nous sommes bons frères, ne faites pas tant de bruit,
» nous partagerons ; n'avons-nous pas les-
» mêmes intérêts ? N'avez-vous pas des terres
» comme nous ? Eh bien, nous les affranchirons
» comme les nôtres. La canaille travaillera
» pour nous tous, & nous nous reposerons. Et
» puis, en vérité, des gens bien nés comme les
» Bourgeois, sont-ils faits pour se confondre
» avec le Peuple ? Est-ce que vous irez vous
» mêler avec des manœuvres, & délibérer
» avec des Savetiers & des Métayers ? Croyez-
» nous, laissez-là votre philosophie ; ce n'est
» que du vent ; le solide est de bon argent,
» de belles maisons de ville & de campagne,
» des laquais, des chevaux, des Maîtresses,
» sur-tout grande chère » ?

Alors nous autres Bourgeois avons dit en nous-mêmes ; ces hommes là sont des hommes pervers ; ils se jouent de ce qu'il y a de plus saint sur la terre. Ne faisons point ce qu'il nous disent. Nous agirions contre notre conscience, contre nos intérêts, contre nos sentimens.

Nous

nous agirions contre notre conscience ; car elle nous dit que ces Paysans, ces Artisans sont des hommes comme nous, à qui Dieu a donné les mêmes sens, les mêmes facultés, par conséquent les mêmes droits à la vie, aux bienfaits de la nature aux produits de leur travail : de quel droit jouirion-snous du fruit de leur peines sans leur rendre un équivalent des nôtres ?

Nous agirions contre nos sentimens. Comment contempler, sans souffrir, des pleurs, des tourmens dont nous ferions causes ? Comment affliger nos amis, nos parens ? car enfin ne sommes-nous pas issus nous-mêmes d'artisans & de paysans ? De plus près ou de plus loin, nous sommes tous freres ; nous sommes tous égaux, nous composons une même famille : les grades, les emplois y sont différens, mais la dignité du sang est la même ; les rangs, les richesses sont des lots que chacun de nous, en naissant, tire au chapeau de la fortune, sans y porter aucun mérite. A l'un tombe un billet de Prince, à l'autre un billet de Paysan, à celui-ci d'immenses richesses, à celui-là rien du tout. Le paysan pouvoit naître Roi, le Roi pouvoit naître manœuvre. Où est donc le sujet de s'enorgueillir ? Et pourquoi, d'ailleurs, dédaigner des hommes réellement utiles ? Sans ce savetier qu'on méprise, nous nous écorcherions les pieds ; sans ce tisserand, nous n'aurions point de chemises; sans le chapelier, nous nous enrhumerions; & sans le métayer nous aurions la famine. Est-il donc une noblesse plus grande que celle d'être utile?

Ainsi nous avons rejeté leurs perfides propositions. Alors, honteux de se voir découverts & refusés, ils se sont retournés vers vous, dans l'espoir de vous tromper. C'est ainsi qu'en Bretagne ils se sont adressés aux gens qu'ils tenoient à leurs gages, pour les susciter contre nous, & nous assassiner.

Mais, Messieurs & Amis, par la lâcheté de leurs moyens, jugez du vice de leur cause, & de la perversité de leurs vues.

Pour bien apprécier leurs promesses, rappellez-vous quelle a été jusqu'à ce jour leur conduite; examinez si, lorsque vous avez eu des bestiaux égarés, ils ne les ont pas mis en fourrières, & s'ils ne vous ont pas rançonnés pour les en retirer. Examinez si, pour le moindre cas de chasse, ils ne vous ont pas mis à l'amende; s'ils vous ont épargné pour vos rentes, attendu pour vos payemens : & soyez sûrs qu'ils n'ont pas dessein de changer à l'avenir : ils vous vantent leur protection contre la gabelle; mais il est de leur intérêt de sauver votre argent des mains de *la Ferme*, pour que vous puissiez les payer.... Ils crient au *despotisme* du

Roi, & vous animent contre les Miniſtres; mais, Meſſieurs, un ſeul maître, fût-il mauvais, vaut toujours mieux que la douzaine. Jugez ce qui arriveroit ſi ces Meſſieurs gouvernoient la Province. Voyez quelles intentions ils montrent déjà pour vos bois; leurs deſſeins ſe ſont manifeſtés d'avance. Dès l'an paſſé ils ont établi par-tout des Nobles pour Syndics de Paroiſſe, afin d'envahir le maniement de toutes les affaires. Pour remplir l'Ordonnance du Roi, ils ont admis, à la vérité, les Roturiers pour moitié dans leurs Aſſemblées provinciales; mais ils ont pris, comme ils s'en ventent indiſtinctement, des *pantins dont ils ſont les maîtres*; & par un ſubterfuge dériſoire, ils ont compté des Gentilshommes pour des Roturiers : ſi nous voulons les laiſſer faire, ils repréſenteront ainſi tout le Tiers-Etat, & même l'Egliſe par des Nobles; ils donneront tous les emplois, nommeront à toutes les places, choiſiront tous les Officiers de Commiſſion intermédiaire, de Municipalité, de Juſtice; repartiront & percevront tous les impôts; & vous pouvez juger s'ils vous rendront des comptes.

Or, Meſſieurs & Amis, voulez-vous réduire tout ce beau projet en fumée? il s'agit ſimplement de l'éventer; car, par eux-mêmes ils n'ont aucune force : toute celle qu'ils montrent vient de vous. S'ils ont un parti dans une Paroisse, c'est vous qui le faites ; s'ils ont de l'argent pour acheter des voix, c'est vous qui le leur donnez; c'est vous qui mettez en valeur ces métairies qui font leurs richesses ; & si vous croisiez un instant les bras, ils courroient risque de mourir de faim : ils le sentent bien; aussi voyez-vous qu'en ce moment ils vous comblent de politesses; ils prennent la main à celui-ci, frappent sur l'épaule à celui-là, & jugez par cet abaissement, de leur orgueil, combien est grand l'intérêt qu'ils y voyent; jugez quel avantage vous avez aujourd'hui sur eux : il est tel que, si vous savez en profiter, vous allez de ce moment vous affranchir de toutes leurs chaînes & devenir leurs égaux & presque leurs Maîtres; vous l'êtes même en cet instant ; leur sort dépend de vous : sachez donc assurer le vôtre : le choix de vos Députés aux Etats-Généraux va décider de votre destinée ; jugez donc de son importance. Vainement vous dira-t-on que des hommes qui vous sont opposés d'intérêts, défendront, par générosité, les vôtres; c'est un travers d'esprit complet, de prendre pour Avocat sa partie adverse: vainement vous promettra-t-on à chacun en particulier de vous exempter de la servitude publique; l'instant où l'on a besoin de vous une fois passé, l'on oubliera toutes les promesses, & l'on ne vous conservera de sentimens que ceux dûs aux lâches & aux imbécilles ; on rira de votre simplicité qui a confié à la bonne foi *des renards, la garde & la conservation des poules.*

Recommandez donc, Messieurs & Amis, à vos électeurs d'apporter tous leurs soins à cette grande affaire ; & si vous reconnoissez que l'on vous ait déjà égaré dans le choix de vos porteurs de cahiers ou dans le contenu de vos doléances, revenez sur vos pas, vous en avez la faculté : revoquez des pouvoirs surpris par la fraude ou la violence, refaites de nouveaux Députés vraiment dignes de votre confiance, & dites-leur : nous déposons entre vos mains le sort de nos biens & de nos vies. Portez à ce depôt sacré, tout le respect qu'il mérite ; tremblez de le confier à votre tour dans des mains impures ou perfides ; songez qu'il y va de votre conscience, de votre honneur, du salut de votre tête ; ne choisissez, pour nous représenter, que des hommes qui ayent les mêmes intérêts que les nôtres ; ne choisissez ni Nobles ni Prêtres, quelqu'honnêtes gens qu'ils puissent être : nous ne sommes pas de leur classe ; ils ne peuvent être de la nôtre : choisissez des hommes roturiers, de ville ou de campagne, n'importe : choisissez des hommes de courage ; car la vertu timide est fragile : choisissez des hommes de talent ; car le talent est nécessaire : mais avant tout, choisissez des hommes integres; car la probité marche avant tout.

Tels doivent être vos vœux, Messieurs & Amis, & tels sont les nôtres. Nous ne demandons point à fournir des Députés exclusivement aux campagnes : envoyez-nous des hommes capables, & nous leur donnerons nos voix ; tous nos désirs sont d'être justes ; parce que la justice est le principe de la félicité publique, & que la félicité publique est la source d'où se puise le bonheur de chacun. Nous ne desirons point que les Députés sortent d'un seul canton ; nous souhaitons au contraire qu'ils se trouvent répartis sur toute la province, afin qu'il y ait plusieurs centres établis à la représentation & à la confiance.

Que le bien général s'opère ! que tous les citoyens soyent heureux ! mais sur tout que les *laboureurs* jouissent de cette liberté d'esprit & de corps, de cette sûreté de biens & de personnes, sans lesquelles il n'y a point de bonheur ! qu'ils en jouissent parce qu'ils sont la classe utile, importante, fondamentale ; en un mot, la premiere classe de l'Etat ; parce que sans eux point de denrées, point de richesses, point de commerce, point de corps de Nation. Qu'ils jouissent ces *laboureurs* de tous les biens qu'ils font naître, & dont, sans eux, nous manquerions! Que ces fermiers, ces métayers, ces vignerons, qui donnent la valeur à nos terres, partagent l'aisance qu'ils nous procurent! Qu'ils sentent la dignité de leur condition! Qu'ils deviennent libres comme nous! & que dans les hommes pour lesquels ils travaillent, ils ne voyent plus que des associés leurs égaux, & non des tyrans ou des maîtres.

Voilà, Messieurs, quels sont les sentimens & les vœux de ceux qui, comme hommes, comme amis, comme freres se font honneur d'être & seront à jamais inviolablement,

Vos très-humbles & très-obéissans serviteurs,

Les Bourgeois associés pour la défense du droit du Peuple & l'instruction des Paysans.

www.ingramcontent.com/pod-product-compliance
Lightning Source LLC
Chambersburg PA
CBHW070523050426
42451CB00013B/2823